RÉUNIR

POUR

RÉGNER

PAR

ARMAND GRANEL

AVOCAT

PARIS

IMPRIMERIE PAUL FAIVRE

13, QUAI VOLTAIRE, 13

—

1883

RÉUNIR

POUR

RÉGNER

RÉUNIR

POUR

RÉGNER

PAR

ARMAND GRANEL

AVOCAT

PARIS

IMPRIMERIE PAUL FAIVRE

3, QUAI VOLTAIRE, 13

—

1883

RÉUNIR POUR RÉGNER

AVANT-PROPOS

Si le *Prince* de Machiavel avait pu résumer en quelques mots toute sa politique, il aurait choisi assurément cette formule célèbre dont Catherine de Médicis et Mazarin devaient faire leur devise : *Diviser pour régner*. Plus heureux que Machiavel, nous pouvons mettre dans la bouche de *notre prince* une maxime beaucoup plus morale et aussi, quoi qu'on en puisse dire, beaucoup plus habile : *Réunir pour régner*. Cette maxime trouvera son développement dans les deux lettres qu'on va lire : Puissent-elles préparer les voies à celui qui les a, d'un bout à l'autre, inspirées de son esprit !

La première de ces lettres a été écrite, le 29 septembre 1872, à un protestant illustre qui fut, en même temps, un protestant sincère.

La seconde était adressée, un mois plus tard, à un libéral également illustre à d'autres titres, à un libéral assez sincère pour préférer son devoir à son libéralisme.

Cette seconde lettre vise les dissidents de la monarchie, comme la première, les dissidents de l'Eglise. L'Eglise et la Monarchie étant les deux éléments vitaux de l'*Unité française*, les deux lettres qui tendent à y ramener les esprits puisent leur *unité littéraire* dans ces mêmes éléments.

Si je les publie aujourd'hui, c'est que l'année 1883 me paraît plus favorable encore que l'année 1872 à l'intelligence pratique des idées qui y sont formulées. La coalition des forces révolutionnaires a fait, depuis dix années et fait, pour ainsi dire, d'heure en heure, des progrès effrayants : il devient donc de plus en plus urgent de lui opposer l'union des forces, non pas vaguement conservatrices, mais expressément catholiques et royalistes, qui peut seule en avoir raison. Cette urgente nécessité de resserrer dans un double lien ou plutôt de refondre dans un double creuset tous les éléments antirévolutionnaires frappe aujourd'hui tout esprit qui ne caresse pas son aveuglement.

Toute étude sur la Révolution, écrite au point de vue de son développement, doit nécessairement comprendre trois parties. J'ai écrit ici la première : *Révolution originelle* (lettre à un protestant); j'ai écrit également la seconde : *Révolution moyenne* (lettre à un libéral); ne devrais-je pas, pour être complet, écrire la troisième : *Révolution finale* (lettre à un communiste)?

Cette dernière lettre cependant, je ne l'écrirai pas ; je n'arriverai pas au terme de cette trilogie. Les événements achèveront mon syllogisme interrompu; mais la logique ne perdra rien à cette interruption. — Toutes les lettres que je pourrais écrire sur les derniers excès de la Révolution seraient bien froides et bien décolorées à côté de la lettre terrible, de la lettre vivante dont la main de la Providence a déjà tracé les premiers mots.

Les flammes de la Commune laissent encore leurs reflets sur les murs de Paris et déjà l'on voit siéger dans ses palais à peine rebâtis ceux-là mêmes qui les ont mis en cendres et qui rêvent de les y réduire une seconde fois. *L'abîme*, dit le Psalmiste, *appelle l'abîme*. Les ruines aussi appellent les ruines.

On rapporte que le général Drouot lisait les œuvres de Tacite aux flammes d'un brasier : Dieu veuille que le dernier volume des œuvres de ce siècle ne se lise pas à la même clarté!

I

LETTRE A UN PROTESTANT

Monsieur,

Lorsque j'ai jeté sur les hommes et les choses de mon temps ce premier regard qui ne voit pas toujours bien loin, mais qui, du moins, ne craint pas de trop voir, j'ai été frappé par un spectacle étrange et j'ai vu se poser devant mon esprit un douloureux problème. Laissez-moi vous le dire avec toutes les franchises d'une première impression, j'ai été profondément surpris que vous ne fussiez pas catholique et je me suis demandé sans découragement, mais non pas sans tristesse, comment une doctrine telle que le catholicisme et un homme tel que vous ne s'étaient pas rencontrés.

Il ne m'appartient assurément pas de venir développer devant vous, monsieur, les preuves fondamentales de la vérité catholique, mais je veux chercher à vous la faire, pour ainsi dire, toucher du doigt, en vous présentant trois ordres de considérations distinctes, quoique étroitement liées ensemble, que je résumerai successivement dans trois formules précises.

I. *Vous êtes trop chrétien, Monsieur, pour n'être pas catholique.* — Telle est la première et, je dois ajouter, la principale de ces trois formules. Oui, vous avez de l'Evangile une intelligence trop respectueuse pour interpréter humainement la parole divine. Vous avez voué à Jésus-Christ un amour trop sincère et trop généreux pour ne pas le reconnaître et l'aimer ici-bas dans son vicaire infaillible. Vous avez acquis, dans les choses divines et humaines, une science trop haute, trop large et trop profonde pour ne pas découvrir exactement, au sein de l'humanité, ce qu'on pourrait appeler *le lieu de la divinité.* Chaque fois qu'il se pose dans le monde une de ces questions capitales qui ont l'avantage de délimiter rigoureusement le domaine du Vrai, la bonne cause vous trouve toujours au nombre de ses partisans les plus résolus, de ses défenseurs les plus éloquents. Il est inutile de rappeler ici ces manifestations multipliées et solennelles de votre orthodoxie. Vous avez écrit sur le christianisme des pages lumineuses où nos auteurs catholiques vont puiser sans scrupule comme dans leur propre bien. Vos considérations prophétiques sur l'avenir chrétien soutiennent plus d'une âme défaillante, plus d'un cœur découragé. Permettez-moi d'arrêter un instant le regard sur ces magnifiques lointains. Vous parlez avec un pressentiment plein de sérénité de la grande restauration religieuse et chrétienne, (je suis toujours tenté de dire catholique,) qui ne montre encore à l'horizon que les blancheurs de l'aube, mais qui présage un éclatant lever du soleil de justice... Je vous le demande, avons-nous d'autres consolations et d'autres espérances?

Et tenez, puisque je me prends à vous interroger, laissez-moi poser encore devant vous quelques points d'interrogation douloureux qui, depuis longtemps, se posent devant moi. Cette religion catholique, apostolique et romaine qui renaît invinciblement, non pas de ses cendres, mais de son propre sang, pensez-vous qu'elle ait oublié le secret des résurrections? Ce rocher de l'Eglise qui se dresse immobile au-dessus des flots, plus troublés que jamais, comme la grande pierre d'attente de la justice et de la vérité, croyez-vous que la tempête révolutionnaire ait le pouvoir de l'ébranler? Et cet homme vêtu de blanc qu'on ne peut s'empêcher de rencontrer à Rome, cet éternel habitant de la *ville éternelle*, ne mérite-t-il pas qu'on lui applique, en les modifiant, ces quatre vers fameux qui n'ont célébré jusqu'à présent que les destinées de la poésie, mais qui peuvent célébrer aussi heureusement les destinées de la foi :

Brisant des potentats la puissance éphémère,
Deux mille ans ont passé sur le front du saint Père,
Et, depuis deux mille ans, le pape respecté
Est jeune encore de gloire et d'immortalité (1)?

Où trouver dans vos temples glacés cette flamme divine qui seule peut écarter les ombres de la mort? Depuis quand la division et l'hostilité sont-elles devenues fécondes? Où est l'âme immortelle qui doit réunir et ranimer la poussière de vos systèmes? Est-il digne d'une raison chrétienne de penser que Dieu ait pu jeter son Evangile en pâture à vos discussions? Est-il écrit quelque part, dans le livre divin : *Evangelium tradidi disputationibus eorum?* Enfin, monsieur, que vous dirai-je encore, parlant à votre cœur autant

(1) Voici le vrai texte de ces quatre vers qui sont de M. J. Chénier *(Epître à Voltaire)* et dont le lecteur me pardonnera d'avoir changé la formule, en considération de la haute pensée religieuse que j'y ai fait entrer :

Brisant des potentats la puissance éphémère,
Trois mille ans ont passé sur la cendre d'Homère,
Et, depuis trois mille ans, Homère respecté
Est jeune encore de gloire et d'immortalité.

qu'à votre esprit et pénétrant avec respect jusqu'aux profondeurs de votre âme? N'avez-vous jamais eu le pressentiment délicieux que le principe de vie est caché dans nos tabernacles? Ne trouvez-vous pas, à certaines heures, sous le voile de nos sacrifices, je ne sais quoi d'intimement divin qui révèle aux âmes pures un mystère d'amour?...

Toutes ces questions se pressent à la fois sous ma plume tremblante et mon âme attend, avec un mélange indicible d'inquiétude et d'espérance, les réponses encourageantes qu'il vous plaira d'y donner.

II. En second lieu, Monsieur, *vous êtes trop conservateur pour n'être pas catholique.* — Vous n'êtes pas fait pour détruire, mais, tout au contraire, pour édifier, et vous n'ignorez pas que, pour bien édifier, il faut beaucoup conserver. Vous êtes naturellement et obstinément homme de conservation, d'ordre et d'autorité. Une invincible tendance vous a toujours poussé vers les résistances légales. Vous semblez dévoyé dans ces sentiers impurs de la Révolution, trop obliques et trop glissants pour votre marche loyale et ferme. L'esprit de la Révolution vous a pris en traître. Si vous n'avez pas eu le rare bonheur d'en répudier les principes, du moins avez-vous eu la bonne intention d'en conjurer les périls et le noble courage d'en combattre les excès.

Mais d'où vous vient donc cette heureuse prérogative, ce rare privilège? Pourquoi donc êtes-vous, avant tout, un homme d'autorité? Je ne crains pas de le dire, c'est parce que vous êtes, avant tout, un homme de foi. L'autorité étant, de sa nature, (même depuis 89!) une prérogative essentiellement divine, il s'ensuit que la foi divine en est ici-bas la source la plus pure, le plus solide fondement et la garantie la plus efficace. Il s'ensuit également que cette foi seule est la foi véritable et divine qui n'implique et ne reconnaît aucun crime, aucun attentat contre l'autorité. C'est pourquoi l'Eglise catholique, seule vierge de révoltes, est la grande école de l'autorité sur la terre; c'est aussi pourquoi, — je le dis avec une sincérité qui ne saurait vous déplaire, — c'est pourquoi le protestantisme est la grande école de la rébellion. Sous prétexte de déblayer largement la route du progrès, il y a jeté des obstacles insurmontables, de telle sorte que nous ne pouvons presque plus aujourd'hui avancer sans tomber. Ah! que l'Europe eut été grande et belle sans la Réformation! Quel magnifique rayonnement de science et de foi allait illuminer le monde, quand le loup ravisseur, sorti des forêts germaniques, vint enlever au Pasteur universel la moitié de son troupeau! Si les brebis et les agneaux étaient restés unis, nulle agitation ne troublerait maintenant la paix des pâturages. Cette question politique qui nous déchire et cette question sociale qui nous dévore n'auraient pas besoin d'être résolues, parce qu'elles n'auraient pas été posées et notre France, en particulier, aurait déjà vu la réalisation de ce rêve sublime après lequel elle aspire à son insu depuis quatre-vingts ans : la *liberté chrétienne*. Basé sur une protestation tout humaine contre l'autorité divine, le protestantisme est infecté, dans sa source, d'un vice indélébile qui le condamne pour toujours à l'infécondité. Mais que dis-je, à l'infécondité?... Le mal porte en lui sa fécondité désastreuse qui rend incalculables les conséquences possibles d'un acte fait contre le droit.

La Révolution n'est qu'une progression descendante qui, partie d'une première impulsion et passant par des ébranlements de plus en plus violents, aboutit fatalement à des bouleversements formidables, à des chutes vertigineuses dans des abîmes sans fond. Luther et Calvin ont posé les premiers termes de cette progression fatale qui s'est continuée par la Constituante jusqu'à la Convention, pour reprendre et recommencer encore, avec des temps d'arrêt et de redoublements, jusqu'à ces jours de honte et de folie... Mais je m'arrête, il en est temps, pour ne pas rappeler les tristesses d'hier et ne pas prévoir celles de demain. Détournant le regard de ces actualités *brûlantes*, je me contente de formuler scientifiquement le principe fondamental de la Révolution : *Le premier mouvement révolutionnaire contient en puissance tous les mouvements ultérieurs*. Bon gré, mal gré, tout esprit rigoureux doit subir aujourd'hui cette *vérité mécanique*. Des hauteurs où habite votre âme, vous êtes admirablement placé pour saisir et embrasser, dans son ensemble, l'immense développement de la Révolution qui va roulant sur le monde comme une avalanche de crimes et de malheurs. Je n'admets pas que votre sens historique et votre sens religieux, tous deux si délicats et si perfectionnés, n'aient pas été frappés par un spectacle si terrible et si éloquent.

Apercevoir ainsi l'origine et la marche du mal, n'est-ce pas en trouver le remède ? Puisque la Révolution n'est qu'une déviation de plus en plus sensible de la grande ligne tracée ici-bas par Jésus-Christ lui-même à sa divine Epouse, une chute de plus en plus rapide et profonde des hauteurs de la Montagne-Sainte, revenons dans les voies immortelles, remontons aux sommets lumineux et la grande iniquité des temps modernes sera enfin effacée de la terre. Il serait digne de vous, Monsieur, de donner à la France et à l'Europe l'exemple héroïque de ce redressement. Je me plais à le répéter, vous n'êtes pas l'esclave de la Révolution, vous n'en êtes que la victime. Le flot vous presse, il ne vous roule pas. Votre nature essentiellement supérieure résiste, avec une énergie pleine de dégoût, à ses entraînements. Mais, croyez-le bien, vos efforts, quelque puissants qu'ils soient, ne parviendront pas, sans secours, à vous rejeter sur la rive. Attachez-vous à la seule planche de salut qui ne puisse pas manquer. Voyez, au-dessus des eaux, cette pauvre barque sans cesse agitée ; on dirait toujours qu'elle va s'engloutir et toujours la vague furieuse s'apaise en l'effleurant. Hâtez-vous de monter dans la barque de

Pierre et laissez gronder l'orage. Loin d'être une surcharge dangereuse, vous serez, bien au contraire, un utile secours. Vous apporterez un contingent de science et de dévouement qui vous rendra cher aux matelots. Et qui sait encore, dans la fureur de la tempête, la puissance de votre foi pourra servir à ramener le calme sur les flots !

III. Enfin, Monsieur, *Vous êtes trop français pour n'être pas catholique.* — Ce titre glorieux, devenu trop lourd pour tant de caractères affaissés, vous le portez sans défaillance. Votre ambition politique, par une très rare exception aux mœurs contemporaines, n'est faite qu'avec du dévouement. Dérogeant à la loi de plus en plus générale de la fortune révolutionnaire, vous êtes descendu du pouvoir, les mains vides. Donc vous êtes français, noblement et grandement français. Eh bien ! Monsieur, je vous le dis en toute vérité, c'est encore une raison pour être catholique. A ce point de vue encore, comme aux deux précédents, l'histoire, surtout l'histoire de ce siècle, met en présence des faits tellement significatifs que la négation semble réellement impossible en restant dans la bonne foi. La connexité, le parallélisme de la fortune catholique et de la fortune française, cette vérité traditionnelle, si chère à nos aïeux, devient aujourd'hui, comme pour éblouir les yeux qui ne veulent pas voir, un éclatant axiome historique. On ne peut plus l'effacer de l'histoire de France sans se moquer, en même temps, de la France et de l'histoire.

Je vous le demande avec confiance à vous, Monsieur, qui avez fait, non pas de l'histoire positiviste, mais de l'histoire philosophique, et non seulement de l'histoire philosophique, mais de l'histoire providentielle, je vous le demande avec sincérité, combien de fois avez-vous vu, dans le même moment, en promenant le regard des deux côtés des Alpes, Rome triomphante et la France abaissée, la tiare humiliée et les lys florissants ?

L'altière maison d'Autriche a paru se substituer quelque temps au rôle providentiel de la maison de France ; mais sans nier les admirables services rendus à la cause de l'Eglise par l'empire de Charles-Quint, nous pouvons soutenir que les services de la France ont été moins politiques, plus désintéressés et, par cela même, mieux appréciés. A ce point de vue, nous pouvons dire aussi que la France a été non seulement la *fille aînée* de l'Eglise, mais encore sa fille préférée.

Une seule fois, dans le cours des siècles, la France faillit abandonner sa mère. Elle hésita quelque temps entre la voix du cœur et celle des passions. Profitant de cette indécision douloureuse, sa puissante ennemie s'efforça de retenir la main du Pontife qui se levait pour l'absoudre ; mais les obsessions impérieuses de l'ambassadeur d'Espagne ne purent arracher de l'âme énergique et fidèle du pape Clément VIII l'amour obstiné de la France, et Henri IV devint l'héritier de Clovis.

Ah ! Monsieur, si le passé ne vous satisfait pas, transportons-nous seulement quelque peu en arrière. L'Eglise abandonnée, réduite en esclavage, dit aux nations qui passent : *Voyez s'il est une douleur semblable à ma douleur ?*... Tout se tait... Mais voilà que tout à coup une nation sanglante, mutilée, portant toutes vives encore les traces du feu, les plaies de l'incendie, lui répond d'une voix défaillante : *Ma mère, c'est la douleur de votre fille aînée !*

Les autres nations peuvent conserver quelque temps, sous l'empire de l'erreur, une sorte de grandeur relative, faite, en grande partie, avec les éléments accumulés sous le règne de la vérité : la France *est condamnée à l'orthodoxie*. Le jansénisme ne fut qu'une erreur passagère et locale. Quant au gallicanisme, cette œuvre malheureuse d'un grand Evêque et d'un grand Roi, quoiqu'il soit une très réelle et très dangereuse hérésie et qu'il ait jeté, sur les plus purs flambeaux de l'Eglise de France, une ombre que la doctrine même de leurs successeurs a rendue plus obscure, il n'a pas eu, bien s'en faut, ces caractères d'étendue, de durée, ni même, au fond, d'importance et de gravité qui permettent de l'assimiler raisonnablement aux grandes aberrations religieuses de l'Allemagne, de l'Angleterre et de la Russie.

Sauvés de l'abîme, après en avoir effleuré les bords, n'envions pas le sort de ceux qui s'agitent encore dans ses profondeurs. Laissons aux races étrangères ces religions serviles et tremblantes qui subordonnent les vérités éternelles aux nécessités politiques et la volonté divine au caprice royal ! Puisque Dieu daigne maintenir sous nos yeux, trop souvent indignes de le voir, son idéal divin, n'allons pas nous déformer sur le triste modèle du schisme et de l'hérésie. Une France hérétique serait un contre-sens et un non-sens. Cette vérité nationale, Henri IV l'a comprise par patriotisme et l'italienne Catherine de Médicis elle-même l'a comprise par intérêt.

Et vous-même, je le répète, Monsieur, vous êtes trop français, trop intéressé à la grandeur de la France pour ne pas la comprendre : elle est saisissante, elle est éblouissante. Dans ces temps décisifs, les abstractions se réalisent et prennent corps; le principe emprunte la brutalité du fait; la vérité se fait évidence.

Le grand ennemi de la France et de l'Eglise (1), après avoir tant bien que mal équilibré son unité politique, use sa rude intelligence à réaliser en Allemagne l'unité religieuse. Certes, ce n'est pas nous qui pouvions redouter sérieusement son *unité protestante*, sachant que ces deux mots, violemment *accouplés*, *hurlent* d'un *effroi* bien autrement profond que ceux dont parle le poète, puisque le

(1) Il faut se rappeler que ces pages ont été écrites en 1872. Aujourd'hui, le chancelier allemand est revenu, vis-à-vis de l'Eglise, à des procédés plus conciliants. Faut-il faire honneur de ce revirement, à sa justice ou à son habilité ?... Hélas! pourquoi d'autres persécuteurs, qui ne savent pas être justes, ne savent-ils pas au moins se montrer habiles ?

protestantisme suppose et engendre nécessairement la multiplicité. Mais enfin, il nous montre la route. A la prétendue unité protestante, opposons l'indéniable unité catholique; à l'impossible *unité* d'un jugement *universel*, opposons la nécessaire *unité* d'un jugement *unique*. M. de Bismarck veut faire de l'erreur le couronnement de son édifice : faisons de la vérité le fondement du nôtre.

Je dis le fondement, parce que notre édifice est à recommencer. Ce que le ministre allemand essaie de faire pour sa patrie, il y a longtemps que nos Rois et nos ministres l'ont fait pour la nôtre. Mais la Révolution a renversé la pyramide nationale et, pour la dresser de nouveau, pour remettre le Roi au sommet, il faut aujourd'hui, comme à Tolbiac, placer Dieu à la base. Grande serait votre influence, Monsieur, pour cette œuvre de lumière et de paix. Il me semble que, vous catholique, le protestantisme français n'aurait plus de raison d'être. Telle serait même la puissance de votre impulsion qu'elle pourrait non seulement entraîner des protestants, mais encore ramener des catholiques. Combien, en effet, dans le sein del'Eglise, combien de prétendus fidèles abritent les plus funestes erreurs sous une étiquette orthodoxe ! Pour ceux-là, pour ces fils ingrats et rebelles, déjà vous êtes un reproche; demain, vous serez un exemple. Ils sont catholiques de nom ; vous êtes presque, Monsieur, catholique de fait. Eh bien ! soyons ensemble catholiques de nom et catholiques de fait, puisque nous sommes tous catholiques de droit.

Telle est, Monsieur, rigoureusement analysée, fidèlement rendue, l'impression profonde produite sur mon âme de jeune homme et de catholique par votre adhésion persistante à la religion réformée. De cette persistance, hélas ! on ne peut guère douter. Votre lettre au Synode respire bien le découragement et la lassitude, mais elle n'inflige pas le désaveu. Elle renouvelle, au contraire, une profession de foi qui nous afflige sans nous désespérer.

Mais, puisque le mot de *Synode* est venu naturellement sous ma plume, je ne puis m'empêcher de l'y retenir un moment. La thèse que j'ai l'honneur de soutenir devant vous y trouvera peut-être une confirmation.

A travers les divisions infinitésimales de la doctrine réformée, deux divisions principales se sont accentuées au sein du Synode, deux camps se sont établis : celui du libéralisme et celui de l'autorité. Les tenants de l'autorité n'ont triomphé que d'un petit nombre de voix et la forte minorité libérale refuse catégoriquement de se soumettre aux décisions de la faible majorité autoritaire.

Voilà la situation dans sa désolante réalité. Les libéraux sont assurément les plus infidèles à la vérité ; mais, étant donné le principe protestant, ce sont évidemment les plus fidèles à la logique. Ce n'est, au contraire, que par une louable inconséquence que les partisans de l'autorité parviennent à s'arrêter un instant sur la pente de l'erreur. Mais, presque impuissants à s'y fixer eux-mêmes, comment pourraient-ils y retenir des frères plus pressés ? — Dans cette lutte inégale, ils sont constamment vaincus et entraînés, abandonnant toujours à leurs insatiables adversaires quelque lambeau de vérité. Cette proie dangereuse satisfait pour un moment l'appétit libéral, mais il se réveille bientôt plus exigeant et plus impérieux, au point que les plus aveugles, ouvrant enfin les yeux, reconnaissent trop tard, sous l'apparente modération des exigences libérales, la monstrueuse gloutonnerie de la Révolution.

C'est ainsi que le protestantisme, malgré de nobles efforts pour relever la tête vers le ciel, descend de plus en plus vers la terre et s'affaisse déjà dans les sables mouvants du scepticisme, dans les fanges immondes du matérialisme et de l'athéisme.

Oh! vous tous qui tentez de rester fermes dans cet écroulement, appuyez-vous sur la Force qui soutient tout ce qui est debout et qui relève tout ce qui est à terre! Cherchez surtout ce point d'appui, vous, Monsieur, qui luttez plus fermement que les autres, vous dont la noble tête s'élève plus haut au-dessus des ruines! Donnez ce bonheur à votre âme; donnez ce repos à votre cœur; donnez ce couronnement à votre vie; donnez à votre vieillesse ce rajeunissement!

Et maintenant. Monsieur, laissez-moi vous répéter avec une confiance toujours croissante cette formule qui résumait la première partie de ma lettre et qui peut bien résumer ma lettre tout entière : *Vous êtes trop chrétien pour n'être pas catholique.*

Au fond, ces deux mots sont exactement synonymes et béni soit le moment, prévu et peut-être prochain où le retour des dissidents à l'unité romaine nous permettra de reprendre, sans sous-entendus ni malentendus, ce grand nom de *chrétiens* que nous voudrions étendre à tous les hommes, mais que nous n'avons le droit de donner qu'à ceux qui adorent le Christ comme le Christ veut être adoré. Et pourtant, ce titre de noblesse, il nous est presque impossible, Monsieur, de vous le refuser. Habitués à vous trouver à nos côtés, aux jours des grandes luttes, nous ne pouvons nous faire à l'idée que vous n'êtes pas dans nos rangs. Eh quoi! tandis que plus d'un protestant vous abreuve d'injures, vous ne trouvez d'ordinaire, auprès des catholiques, que déférence et sympathie. Mais quel est donc votre symbole et, si vous tombez sur le champ de bataille, dans les plis de quel drapeau serez-vous emporté?...

Non, Dieu ne vous a pas créé pour *protester* contre sa vérité, mais bien pour la défendre, l'embellir et la faire aimer. Insensible est la distance qui vous en sépare encore. Vous n'avez, pour la franchir, qu'à remonter au principe fondamental dont vous déduisez si éloquemment les grandes conséquences. Vous n'avez qu'à dégager la résultante des forces auxquelles vous obéissez. Vous n'avez qu'à découvrir le point de départ de la ligne que vous suivez. Vous n'avez pas besoin de vous convertir : vous n'avez qu'à vous reconnaître.

A la fin de cette longue lettre, plusieurs sentiments se pressent à la fois dans mon âme. J'y trouve de la surprise, de la crainte, de l'espoir, de la joie... Mais celui qui domine tous les autres, dans cette confusion qui semblerait l'exclure, c'est ce sentiment tranquille et supérieur qui accompagne toujours la confession du vrai et l'accomplissement du bien. Cette approbation de ma conscience me fait compter, Monsieur, sur l'approbation de la vôtre. Puissiez-vous me l'accorder tout entière. Puissiez-vous trouver comme moi qu'en écrivant ces lignes j'ai réellement accompli le bien et confessé la vérité !

Daignez agréer, etc.

II

LETTRE A UN LIBÉRAL

Fils de votre siècle et de votre pays, je viens vous soumettre la solution d'un problème moderne et national qui a eu, pour vous et pour moi, les mêmes éléments, mais qui n'a pas donné, de part et d'autre, les mêmes résultats. Je ne dispose, il est vrai, pour vous parler ainsi, que d'une expérience bien jeune ; mais, loin de trouver dans la considération de cette jeunesse la défiance et la crainte, j'y puise, au contraire, le courage de m'adresser à vous, persuadé que vous y puiserez vous-même, Monsieur, la bienveillance de me lire.

Après avoir payé le tribut aux erreurs de mon temps, j'ai reconquis la vérité nationale, patrimoine séculaire dont on nous a déshérités, et tels sont les bienfaits de cette conquête que je ne pourrais jamais sans égoïsme et sans lâcheté la conserver pour moi seul.

Désireux de partager un trésor si précieux, j'ai conçu l'idée de le porter bien haut, afin de pouvoir le répandre bien loin. C'est pourquoi je viens avec confiance le déposer entre vos mains. Puissiez-vous l'accepter comme une offrande digne de vous, en excusant la main bien téméraire et bien indigne qui ose vous l'offrir !

Depuis l'âge où l'homme affermit ses premiers pas sur le sol de la vie, je suivais tranquillement, dans le flot de mes contemporains, cette *voie douleureuse* dont la Révolution de 1789 est le point de départ et dont la perfection politique et sociale devait être le terme ; mais, pliant sous le faix dont j'avais trop tôt chargé mes épaules et ne trouvant, d'ailleurs, dans mon bagage politique, aucun guide certain, j'abandonnais de temps à autre, voyageur découragé, quelque lambeau des *grands principes*, sans que ces allègements successifs rendissent à mon âme lassée autre chose qu'une passagère vigueur. Enfin, sentant mes forces s'épuiser de plus en plus à poursuivre un chemin de plus en plus obscur, je finis par jeter aux quatre vents mon importun fardeau et je remontai tout à coup, jusque au point de départ, la route parcourue. Ainsi, je retournai jusqu'au siècle dernier et, dans la sincérité de mes désillusions, je serais retourné plus loin, si j'avais trouvé encore au delà quelques sacrifices à faire.

Et Dieu sait pourtant si de tels sacrifices étaient cruels à mon âme ! La Révolution, qui remue les bas-fonds de la societé en faisant couler, dans un triste mirage, des flots de sang et des flots d'or, a l'étrange pouvoir de fasciner aussi les classes supérieures en faisant miroiter à leurs yeux des théories et des systèmes ! Hélas ! dans ces rêves trompeurs, quels prestiges et quelles séductions ! Et, s'il faut un jour en détacher son cœur, quels troubles et quels déchirements ! Mais aussi, le sacrifice une fois consommé, quelle paix, quelle certitude et quelle liberté !

Eh bien ! la société tout entière, qui s'est oubliée dans les enchantements de l'erreur, doit passer par les douleurs du sacrifice, pour arriver à la liberté du renoncement. A cette œuvre réparatrice nous pouvons tous apporter notre pierre ; mais il est des ouvriers qui peuvent du même coup lui donner sa base et son commencement : vous êtes,

Monsieur, l'un de ces ouvriers-là et c'est pourquoi je viens solliciter instamment votre indispensable concours.

Guide naturel de cette honnête et crédule majorité qui marche avec sécurité sur le grand chemin de la Révolution, donnez le signal de la retraite et vous serez suivi. Votre force réside tout entière dans la grande alliance qui doit rendre au parti du droit des soldats dévoués et non pas dans ces rapprochements de hasard qui ne donnent que des mercenaires et qui préparent des rebelles.

Ami de la Révolution et de la Royauté, ce qu'il y a de vraiment grand, de vraiment fort en vous, ce n'est pas ce qu'il y a de révolutionnaire, c'est qu'il y a de royal.

En proclamant le droit révolutionnaire, vous abdiquez le droit monarchique. Comment concilier, en effet, ces deux principes discordants? Un triste et fatal logicien (1) démontra victorieusement un jour cette incompatibilité radicale : la conclusion fut détestable, mais le raisonnement demeure invincible.

(1) Proudhon.

La souveraineté nationale, c'est la Révolution légale, la négation même de la souveraineté. Philosophiquement, il est insoutenable jusqu'à l'absurde que le principe du gouvernement réside dans les gouvernés. Politiquement, il est imprudent jusqu'à la folie de laisser le commandement entre les mains de ceux qui doivent obéir.

La Révolution repose sur un principe abominable, mais elle repose sur un principe. Or, les principes ne tombent jamais que sous le coup des principes. Le tort de la société moderne, c'est précisément d'admettre un principe et de vouloir ensuite en limiter, en immobiliser, en retourner les conséquences ; c'est d'autoriser le mal en ne prohibant que le pire.

Nous sommes ici, Monsieur, dans le cœur de la question, dans le vif de la plaie ; nous touchons aux grandes illusions de notre pays et de notre siècle : *révolution modérée, conservation libérale, parlementarisme, constitutionnalisme, république conservatrice*, etc. La *république conservatrice*,— arrêtons-nous à cette appellation, quoiqu'elle soit démodée et ne forme plus qu'un vêtement défraîchi à l'usage de quelques libéraux attardés,—la république conservatrice n'est qu'une introduction à la république radicale, rouge, révolutionnaire et, par dessus tout, sociale. (Quelle différence et comme les adjectifs s'alignent, cette fois, naturellement après le substantif !)

Depuis quatre-vingts ans, avec des intentions plus ou moins bonnes, les libéraux ne font que préparer les voies aux révolutionnaires ; ils croient en être les ennemis, ils n'en sont que les éclaireurs. On pourrait les appeler, en empruntant une figure expressive aux tristes souvenirs de la derniere guerre : *les Hulans de la Révolution.* La Révolution, en effet, s'est si bien trouvée de leurs services dans sa lutte contre l'autorité politique, qu'elle a voulu les utiliser également dans sa guerre bien autrement acharnée contre l'autorité religieuse. Malheureusement, jusque dans les esprits le plus profondément et le plus vaillamment catholiques, il s'en est trouvé pour remplir un rôle tout au moins imprudent. Ce sont *les catholiques libéraux*, phalange courageuse, mais trop chevaleresque, qui, après avoir rendu à l'Eglise les plus éclatants services, lui aurait fait courir les plus graves dangers, si toutefois l'Eglise de Dieu pouvait courir ici-bas de véritables dangers. Mais, sur ce nouveau terrain, la lutte a bien vite changé de caractère. Le péril a été signalé dès l'origine avec une clairvoyance admirable : les avertissements ont été renouvelés avec une persistance héroïque. Enfin, le flot s'agitant de plus en plus autour de la barque mystique, le pilote suprême a rassemblé tout l'équipage et, du même coup, le monstre révolutionnaire et la Sirène libérale ont été frappés et confondus. Telle est la haute et grande politique enseignée par l'Eglise aux nations de la terre, — enseignement, hélas ! entièrement perdu !

Quoique destinée à se mouvoir dans une sphère distincte, l'autorité politique trouve ainsi dans l'autorité religieuse l'appui le plus solide, le secours le plus efficace et le plus dévoué, ce qui s'explique par les rapports d'origine et de fin qui unissent entre elles ces deux autorités.

La question politique se réduira bientot à une question sociale ; c'est là ce que les habiles eux-mêmes finissent par comprendre (1) ; mais ce que les habiles ne

(1) Il est pourtant un *habile* qui ne le comprend pas ou qui feint de ne pas le comprendre. « Il n'y a

comprendront jamais, tant qu'ils ne seront qu'habiles, c'est que la question sociale elle-même, dernier mot de la question politique, se réduira finalement à une question religieuse.

La question religieuse est le premier et le dernier mot, l'α et l'ω de toute question humaine. Le problème contemporain, qui montre Dieu à son point de départ, dans le protestantisme, montre encore Dieu à son terme, jusque dans l'athéisme.

La nature du problème en indique la solution. Si vous proposez des expédients politiques ou même sociaux, des moyens exclu-

pas de question sociale », s'est-il écrié un jour, obéissant peut-être à la disposition d'esprit qui faisait dire à Archias prévenu d'un péril imminent, au milieu d'un festin : « A demain les affaires sérieuses ! » Le moderne Archias, prévenu, lui aussi, du péril imminent de la Révolution, vide sa coupe et dit à ses convives : « A demain les questions sociales ! » — L'homme auquel il est fait allusion dans cette note est mort misérablement à l'heure même où elle s'imprimait, non pas, comme on pouvait le croire, par le fait de la *Révolution*, mais par le fait de la *nature*. Ainsi, cette fois, ce ne sont pas les hommes qui ont arrêté la coupe joyeuse sur les lèvres des convives, c'est Dieu lui-même qui s'est fait trouble-fête. Ce n'est plus le festin d'Archias, c'est le festin de Balthazar.

sivement humains, je ne les repousserai pas, mais je demanderai avant tout des moyens divins. Si vous dites : *L'avenir est au plus sage* (1), je répondrai sans vous contredire : *L'avenir est au plus chrétien.*

Mais, s'il est un pouvoir politique qui nie Dieu, qui insulte le Christ, qui se moque de l'Evangile et qui persécute l'Eglise, comment pourra-t-il remplir un programme qui n'est autre chose que sa condamnation et pour l'exécution duquel il devrait commencer par changer de nature ? Si ce pouvoir promet, en effet, de changer de nature, qui pourra croire à cette dérogation aux lois d'existence ? Et s'il promet, d'un autre côté, de faire des choses contre sa nature, qui croira davantage à cette exception aux règles de la vie ?

La République est évidemment ce pouvoir de nature anti-religieuse qui ne peut pas plus devenir religieux que le mauvais arbre ne peut se transformer en bon ou qu'il ne peut, en restant mauvais, produire de bons fruits. La République, en France, a été originairement impie, et, malgré quelques bons

(1) Parole fameuse de M. Thiers.

retours qui tiennent plutôt à la France qu'à la République, elle sera finalement impie. Cherchez dans le dictionnaire ce que veut dire *impiété ;* cherchez, d'un autre côté, dans le recueil des lois révolutionnaires, ce que signifie *république*, et dites-moi, le cœur sur la main, si ces deux expressions ne sont pas synonymes ?

Maintenant, s'il existe, au contraire, un autre pouvoir qui se soit, en quelque sorte, identifié, non pas doctrinalement, mais historiquement, avec la Religion, qui ait ainsi confondu son histoire politique avec l'histoire religieuse ; un pouvoir qui ait combattu pour l'Eglise, souffert avec l'Eglise et régné par l'Eglise ; un pouvoir enfin qui, étant né d'un acte de foi, ne puisse pas renaître aujourdhui sans un acte de foi ; si ce pouvoir existe, n'est-ce pas lui qui sera appelé à réaliser le magnifique programme qui se résume dans ces quatre mots : *Dieu, Christ, Evangile, Eglise ?* Ne peut-on pas, en effet, retourner, en faveur de ce pouvoir éminemment religieux, ce qui a été dit plus haut du pouvoir anti-religieux ? Comment l'arbre de vie pourrait-il se changer en arbre de mort et comment pourrait-il encore, étant arbre de vie, donner des fruits de mort ? Comment la nature du pouvoir chrétien ne serait-elle pas aussi substantiellement, aussi invariablement bonne que la nature du pouvoir anti-chrétien est invariablement et substantiellement mauvaise ? Comment enfin ce pouvoir de nature chrétienne ne serait-il pas, en même temps, de nature immortelle ?

La monarchie est aussi évidemment ce pouvoir chrétien que la République, *sa contradictoire*, est le pouvoir anti-chrétien. A ceux qui nient maintenant ce caractère religieux de la monarchie, parce qu'ils craignent de le voir tourner à son avantage, je rappellerai simplement qu'ils ne le niaient pas, quand ils espéraient le faire tourner à son préjudice.

Ainsi, la monarchie est de race immortelle. On peut jeter hardiment, à la face étonnée de la Révolution, cette affirmation souveraine. La Monarchie est de race immortelle, parce qu'elle contient naturellement en elle-même le principe de la vérité politique ; elle est de race immortelle, parce qu'elle s'est assimilé le principe de la vérité religieuse. L'histoire nous montre le trône et l'autel comme deux puissances, en quelque sorte, solidaires et certes le trône ne peut que profiter aujourd'hui de cette bienfaisante solidarité ; le trône, ayant été renversé à côté de l'autel, doit se relever tôt ou tard à côté de l'autel. Comme l'étendard de Patay (1), *ayant été à la peine, il doit être à l'honneur.*

Le souvenir de Jeanne d'Arc vient à propos pour confirmer ma thèse, et quelle thèse patriotique et religieuse ne confirmerait pas ce souvenir touchant? La vierge d'Orléans unit à un tel degré la cause de Dieu et la cause du Roi que le triomphe royal dont elle fut l'instrument revêtit les caractères mystérieux qui marquent ordinairement les triomphes divins.

Au dix-neuvième siècle, ainsi qu'au quinzième, le triomphe de la Monarchie se produira dans des conditions providentielles tellement remarquables qu'on pourra changer ainsi le mot de Fénelon : *L'homme s'agite et Dieu le sauve* (2).

(1) C'est au village de Patay que Jeanne d'Arc, précédée de son étendard, remporta sa plus belle victoire, en 1429 ; c'est encore à Patay, (disposition providentielle véritablement saisissante !) que les zouaves de Charette, précédés de l'étendard du Sacré-Cœur, se sacrifièrent héroïquement pour sauver l'armée française, le 8 décembre 1870.

(2) L'homme s'agite et Dieu le mène (Fénelon. *Sermon sur l'Epiphanie.*)

La légende rapporte que Romulus mourut dans un tempête pendant laquelle le héros romain fut enlevé au cieux. La Monarchie française, elle aussi, personnifiée dans le Roi-Martyr, est morte dans une tempête pendant laquelle son âme glorieuse s'est élevée au ciel. Depuis, elle a soulevé doucement la pierre du tombeau, mais ce n'a été que pour mourir de nouveau, pour remonter au ciel dans une autre tempête.

C'est aussi dans une autre tempête que la Monarchie ressuscitera, que son âme purifiée viendra ranimer le corps de la France. Tout fait craindre ce dénoûment à la fois terrible et glorieux. Malgré des lueurs trompeuses et des souffles perfides, chaque jour nous laisse un horizon plus obscur, un ciel plus écrasant. S'il ne se produit une détente imprévue, on sent qu'il faudra les agitations de l'orage pour ramener, d'un seul coup, la fraîcheur et la sérénité. Les présages sont si fréquents, qu'ils ne se comptent plus. Il n'est pas jusqu'à cet esprit prophétique qui ne cesse de *s'agiter dans le monde* et auquel Machiavel et Joseph de Maistre ont rendu le double témoignage du scepticisme et de la foi (1), il n'est pas jusqu'à cet esprit mystérieux qui ne nous ait jeté ses avertissements. Pas n'est besoin, d'ailleurs, de recourir au surnaturel et la simple raison, consciencieusement interrogée, répond avec une précision qui perce l'avenir.

L'époque révolutionnaire se divise en trois périodes :

A la première période correspondent les plus grand culpabilitiés. Le mal y est transmis sans y avoir été reçu, si ce n'est peut-être à l'état de germe et, si j'ose le dire, à l'état de miasme. C'est alors que s'opère, avec toute sorte de complaisances et de précautions aggravantes, la génération de l'erreur.

Dans le seconde période, les responsabilités s'atténuent. L'erreur insensiblement remplit, pour ainsi dire, tous les intervalles de la vérité. Le bien voile sa beauté, le mal cache sa laideur. Tout est compromis, transactions, expédients. Les sous-entendus produisent partout les malentendus. On sent que, pour rétablir l'ordre, il faudrait, comme au premier jour, débrouiller le chaos ; que, pour ramener

(1) Machiavel, *Discours sur Tite-Live*. I, 56—Joseph de Maistre, *Soirées de Saint-Pétersbourg*, 11e Entretien.

la lumière, il faudrait, une seconde fois, la séparer des ténèbres ; et voilà que les âmes tombées en prostration sont incapables de renouveler cette grande analyse ! Dans cette seconde période, une large part des responsabilités se déplacent et remontent, à travers l'histoire, pour retomber dans la première. 1830 est le point historique qui caractérise le mieux cette époque indécise où les bonnes intentions aboutissent rarement à de grandes actions et où les plus généreuses aspirations vers la vérité parviennent à peine à soulever le voile de l'erreur.

Pendant la troisième période, l'excès même de l'iniquité commence à ramener la justice. En atteignant son entier développement, la Révolution revêt une ignoble laideur qui la rend aisément reconnaissable à tous les yeux et qui rend par là même inexcusables ses derniers admirateurs. Cette époque extrême est évidemment la nôtre. La Révolution déchaînée va frapper son dernier coup. Le bien et le mal, trop longtemps rapprochés, se reconnaissant enfin dans la mêlée des consciences, vont se livrer une lutte mortelle. Sur ce juste milieu, naguère encore si florissant, sur ce juste milieu où tant de forces se neutralisent, où tant de faiblesses se dissimulent, où tant de vertus s'étiolent, sur ce juste milieu chancelant l'orage s'amoncelle, la foudre va tomber !.....

Devant la solennité de l'avenir, l'Histoire semble interrompre un instant sa marche séculaire et s'arrêter haletante. Utilisons avec empressement cette halte suprême ; n'attendons pas les heures de trouble et d'angoisse : il serait trop tard alors pour bien juger et bien agir. Que nos jugements et nos actes, faits en tout liberté, acquièrent toute leur valeur et produisent tous leurs effets. Un demi-jour effrayant est ouvert sur l'avenir. Profitons de ces lueurs sinistres, mais salutaires pour explorer la route et découvrir le but. *La parole est toujours à la France et l'heure* même semble, pour le moment, appartenir à l'homme : bientôt elle ne sera plus qu'*à Dieu* (1).

Peut-être n'est-il pas trop tard. L'occasion manquée à Bordeaux, en 1871, par une Assemblée souveraine qui ne sut pas répéter la puissante affirmation monarchique dont elle

(1) « La parole est à la France et l'heure à Dieu. » Lettre de M. le comte de Chambord, mai 1871.

était issue (1), ne semble pas encore entièrement perdue, car l'étincelle foudroyante n'a pas encore jailli, tant est grande la longanimité de la Providence à l'égard d'un peuple qu'elle veut absolument sauver. Ce qu'on a appelé naïvement *l'essai loyal* de la République n'est qu'un délai, successivement prolongé par la Providence, pour restaurer la monarchie. L'œuvre ne serait pas aussi difficile que le prétendent les intéressés et que le redoutent les tièdes. La France est épuisée par le doute et la négation ; elle est avide d'affirmations, altérée de principes. Elle tend aux choses définitives, parce qu'elle aspire naturellement aux choses immortelles.

Avant 1789, la noblesse caressa bien étourdiment d'inexcusables erreurs. Ramenée sévèrement au respect de la Royauté, elle crut prendre une revanche ingénieuse en se jouant un peu de la Divinité. Elle en fut certes rudement châtiée et même, il faut le reconnaître, de ce côté du moins, assez bien corrigée. Le Tiers-Etat, en remplissant, vis-à-vis de la noblesse, le rôle de fléau de Dieu, se

(1) Cette occasion manquée aussi en 1873, pourrait-on ajouter aujourd'hui.

jeta dans des égarements plus criminels encore. Ces nouveaux venus s'installèrent sans façon dans le gouvernement et, pour s'y trouver plus à l'aise, après en avoir chassé les hommes, il en bannirent Dieu. L'un d'entre eux, impassible théoricien de ces folles doctrines, les a résumées exactement dans une formule précise : « Qu'est-ce que le Tiers-Etat ? Rien. Que doit-il être ? Tout. » Injustice et mensonge ! Il n'était pas vrai de dire que le Tiers-Etat n'était *rien* ; il n'était pas juste de vouloir qu'il fût *tout; tout*, c'est-à-dire, peuple, clergé, noblesse, magistrature, armée ; *tout*, c'est-à-dire, Roi ; *tout*, c'est-à-dire, Dieu. Il était encore moins juste de vouloir que le Tiers-Etat fût *tout* sans transition et sans préparation, qu'il eût un pouvoir à la fois immédiat et complet. Le Tiers-Etat devait revendiquer ses droits et faire son devoir à sa place, à une place qui se serait incessamment et, pour ainsi dire, indéfiniment élargie. Il pouvait s'étendre sans détruire et grandir sans renverser. Dans cette œuvre d'extension et d'ascension légitimes, il aurait trouvé, sur le trône et près de l'autel (le passé, sur ce point, répondait de l'avenir), des encouragements et des sympathies dont il devait rester digne. La progression sociale a des lois rigoureuses, mais sûres. Il y a place pour toutes les aspirations généreuses au soleil de la liberté.

Hélas ! on sait ce qu'il est advenu du programme de Sieyès et quelle application démesurée lui donne encore l'avenir ; mais, ce qu'il y a de plus étrange et de plus douloureux, c'est que les héritiers actuels de ce triste programme, loin de se montrer effrayés d'aussi terribles conséquences, restent dans un endurcissement qu'on peut appeler, avec juste raison, l'impénitence politique.

Eh bien ! pense-t-on vraiment que la justice soit toujours en retard, parce que les coupables ne s'arrêtent jamais ? Par un développement logique de son usurpation, le Tiers-Etat, après avoir été le fléau mérité de l'aristocratie, trouvera son fléau dans le peuple qui lui-même, à son tour, par une dernière et suprême expiation, attirera sur sa propre tête la plus large part du châtiment qu'il sera chargé d'infliger. Sur la pente où elle descend, la justice est maintenant à moitié chemin. C'est donc surtout à la classe moyenne (ou plutôt à la classe riche, car il n'existe pas aujourdhui d'autre classe moyenne), qu'il convient d'arrêter actuellement sa marche vengeresse.

Examinons sincèrement notre conscience sans nous occuper toujours de la conscience d'autrui, Tant pis pour ceux qui n'auront pas la force de confesser leurs fautes et de les expier ! Malgré les fautes royales, aristocratiques et même cléricales qui ont pu le préparer ou le développer, le crime révolutionnaire n'est directement imputable ni au Clergé, ni à la Noblesse, ni à la Royauté. Il serait beau de voir les représentants actuels des principaux coupables, de ceux qui changèrent les Etats-Généraux en Assemblée constituante, faisant ainsi, d'un rouage monarchique, un engrenage révolutionnaire ; il serait beau, dis-je, de voir ces détenteurs actuels des forces nationales briser eux-mêmes le terrible instrument qu'ils ont mis en jeu et prendre désormais pour devise, au lieu de : *Révolution modérée*, les mots : *Révolution vaincue.*

Il me semble, Monsieur, que cette dernière considération nous donne particulièrement le droit de vous demander un exemple. A vous l'honneur de briser solennellement ces traditions de caste, pour renouer avec éclat les vieilles traditions nationales où la France tout entière, la vraie France indivisible, a déposé depuis des siècles ses souvenirs et ses gloires. On parlait, il y a cinquante ans, de royauté bourgeoise : parlons seulement de royauté française.

Ecoutez, Monsieur, votre haute intelligence ; écoutez surtout votre noble cœur ; écoutez la voix de la France ; écoutez la voix de Dieu. N'écoutez pas trop les voix libérales, quels que soient leurs prestiges et leurs enchantements. Dans votre pleine et libre volonté, affirmez bien haut la pleine vérité. Par un grand acte personnel de souveraineté, reconnaissez, proclamez et restaurez la souveraineté. La France a commis un grand crime contre la Royauté ; mettez dans la réparation quelque chose de royal. Un jour peut-être aiderez-vous le Roi de France à nous rendre nos provinces : aidez-le, en attendant, à nous rendre nos principes.

Vous pouvez, d'un seul mot, que la vraie France, Monsieur, vous demande avec larmes, vous pouvez effacer tout un siècle de haines et préparer des siècles d'union.

Vous est-il permis d'hésiter un instant, quand, pour faire rentrer la France dans l'harmonie générale, vous n'avez qu'à la livrer sans résistance à l'attraction naturelle du foyer royal qui lui-même alors, retrouvant son orbite, l'entraînera, dans un magnifique élan, vers le foyer divin ? Peu à peu, ce concert des peuples et des rois, par la force croissante de son mouvement, deviendra général. Ainsi se termineront enfin les perturbations et les commotions de l'époque moderne ; ainsi se rétablira doucement, Monsieur, grâce à votre concours, cette admirable gravitation des mondes politiques qu'on appelait autrefois la *République Chrétienne* (1).

Ah ! monsieur, on est ravi de la couronne de gloire promise à votre front, mais on est épouvanté des responsabilités qui le menacent. Excusez ce cri d'alarme qui s'échappe de mon cœur à la fin de cette longue lettre et que je vous jette en terminant avec la plus respectueuse liberté, avec la plus suppliante insistance, avec la plus douloureuse anxieté... avec la plus consolante espérance.

Daignez agréer, etc.

(1) *O temps ! O mœurs !* O langues humaines ! Ce qu'on appelle aujourd'hui *République*, c'est précisément le contraire de la gravitation, l'opposé de l'harmonie, c'est-à-dire le désordre et le chaos !

PARIS. — IMPRIMERIE PAUL FAIVRE, 13, QUAI VOLTAIRE — 34578

PARIS. — IMPRIMERIE PAUL FAIVRE, 13, QUAI VOLTAIRE — 34578

www.ingramcontent.com/pod-product-compliance
Ingram Content Group UK Ltd.
Pitfield, Milton Keynes, MK11 3LW, UK
UKHW021135230726
13926UKWH00002B/817